Anna-Maria Meyer-Clemens

Die Klassen- lektüre- Kartei

Differenzierte Vorlagen zur Arbeit mit Literatur
in der Sekundarstufe I

An meine Schüler: Durch euch ist mein Unterricht lebhaft, sind meine Aufgabenstellungen erprobt und veröffentlichungswürdig und diese Sammlung um einige schöne Aufgaben reicher.

An meine Kolleginnen und Kollegen: Durch euch ist die Idee geboren, meine Gedanken und Aufgabenstellungen zu veröffentlichen.

Die Internetadressen, die in diesem Werk angegeben sind, wurden vom Verlag sorgfältig geprüft (Redaktionsschluss Mai 2019). Da wir auf die externen Seiten weder inhaltliche noch gestalterische Einflussmöglichkeiten haben, können wir nicht garantieren, dass die Inhalte zu einem späteren Zeitpunkt noch dieselben sind wie zum Zeitpunkt der Drucklegung. Der Auer Verlag übernimmt deshalb keine Gewähr für die Aktualität und den Inhalt dieser Internetseiten oder solcher, die mit ihnen verlinkt sind, und schließt jegliche Haftung aus.

Hinweisen an info@auer-verlag.de auf veränderte Inhalte verlinkter Seiten werden wir selbstverständlich nachgehen.

Gedruckt auf umweltbewusst gefertigtem, chlorfrei gebleichtem
und alterungsbeständigem Papier.

3. Auflage 2019
Nach den seit 2006 amtlich gültigen Regelungen der Rechtschreibung
© Auer Verlag
AAP Lehrerfachverlage GmbH, Augsburg
Alle Rechte vorbehalten
Das Werk und seine Teile sind urheberrechtlich geschützt. Jede Nutzung in anderen als den gesetzlich zugelassenen Fällen bedarf der vorherigen schriftlichen Einwilligung des Verlages. Hinweis zu § 52 a UrhG: Weder das Werk noch seine Teile dürfen ohne eine solche Einwilligung eingescannt und in ein Netzwerk eingestellt werden. Dies gilt auch für Intranets von Schulen und sonstigen Bildungseinrichtungen.
Umschlagfotos: fotolia
Illustrationen: Stefanie Aufmuth, Julia Flasche, Steffen Jähde, Hendrik Kranenberg, Thorsten Trantow
Satz: fotosatz griesheim GmbH
Druck und Bindung: Joh. Walch GmbH & Co. KG, Augsburg
ISBN 978-3-403-**06735**-1

www.auer-verlag.de

INHALTSVERZEICHNIS

Einleitung 4

1. Didaktisch-methodischer Kommentar

1.1 Kompetenzorientierung 6
1.2 Handlungs-und Produktionsorientierung 7
1.3 Differenzierung & Individualisierung 8
1.4 Die konkrete Arbeit mit der „Klassenlektüre-Kartei" 11
1.5 Bewertung der Arbeit mit der „Klassenlektüre-Kartei" 16
1.6 Typische Probleme mit der „Klassenlektüre-Kartei" – und einige Lösungsideen 17

2. Vorlagen für Aufgabenkarten in vier Differenzierungsstufen

2.1 Aufgaben mit niedrigem Schwierigkeitsgrad ☆ 19
2.2 Aufgaben mit mäßigem Schwierigkeitsgrad ☆☆ 30
2.3 Aufgaben mit erhöhtem Schwierigkeitsgrad ☆☆☆ 41
2.4 Aufgaben mit hohem Schwierigkeitsgrad ☆☆☆☆ 53

> Viele weitere Aufgaben finden Sie auf der beiliegenden CD-ROM

Arbeitsplan 65

Reflexionsbögen 66

EINLEITUNG

Liebe Kolleginnen und Kollegen,

als Deutschlehrerin an einer Gesamtschule – neuerdings Stadtteilschule – mit Integrationsklassen (Integration von Kindern und Jugendlichen mit besonderem Förderbedarf) habe ich in meinen Lerngruppen immer eine große **Vielfalt an Interessen, Neigungen, Fähigkeiten** und Fertigkeiten erfahren. Dieser Reichtum an Unterschiedlichkeit hat mir eine hervorragende Basis geboten, um immer wieder neue Ideen und Wege zu finden, wie ein sinnvoller Umgang mit Büchern im Literaturunterricht der Klassen 5 – 10 aussehen kann.

Im Sinne eines **partizipativen Unterrichts**, der meinen Erfahrungen nach äußerst viel Motivation und Lernbereitschaft freisetzt und daher zu großen Lernerfolgen führen kann, habe ich meinen Schülern[1] in der Arbeit mit einer Lektüre immer auch große Freiräume gegeben und in diesem Rahmen auch direkt eingefordert, dass sie sich selbst überlegen, wie sie mit einem Buch arbeiten wollen. Es ist erstaunlich, welche didaktisch und methodisch wertvollen Aufgabenstellungen ihnen dabei eingefallen sind: Ein Kapitel selber schreiben und in das Buch einfügen, eine Szene mit eingebauten Fehlern vorspielen und die Mitschüler die Fehler benennen lassen, eine kurze Passage rückwärts lesen oder in die Muttersprache eines Mitschülers übersetzen u.v.m.

Ich möchte Ihnen hiermit eine vielfach praktisch erprobte **Sammlung von Aufgabenstellungen** anbieten, die im Literaturunterricht heterogener Lerngruppen der **Jahrgänge 5–10** einsetzbar ist.

Es handelt sich um **Aufgabenstellungen**, die …

a) … **für Bücher unterschiedlicher Autoren, verschiedener Epochen und Genres, gegensätzlicher Thematiken** etc. eingesetzt werden können. Sie sind damit übertragbar und heben stärker auf Strategien des Umgangs mit literarischen Werken ab als auf Kenntnisse, die sich auf ein bestimmtes Buch beziehen. Dies ist im Sinne eines kompetenzorientierten Unterrichts zu sehen (s. nächstes Stichwort). Es ist meist vonnöten, dass im Unterricht neben dieser Kartei *buchspezifische* Aufgabenstellungen angeboten werden.

b) … einen **kompetenzorientierten Literaturunterricht** ermöglichen – so sie denn über die Schuljahre hinweg **wiederholt eingesetzt** werden. Auf diese Weise erwerben die Schülerinnen und Schüler die (lektüreunabhängige) Fähigkeit, sich Büchern zu nähern und sie sich zu erschließen (s. Kapitel 1.1 „Kompetenzorientierung").

c) … **handlungs- und produktionsorientierten Literaturunterricht** ermöglichen, also auch in diesem Sinne den Bildungsstandards entsprechen (vgl. KMK 2003, S. 14).

d) … einen **individualisierten Literaturunterricht** ermöglichen – so sie denn im offenen Unterricht eingesetzt werden, also individuell von den Schülerinnen und Schülern ausgewählt werden können (s. Kapitel 1.4 „Konkrete Arbeit mit der Kartei").

Mit dem **Verbund aus Buch und CD** möchte ich Sie dazu ermutigen, die vorgestellten Aufgaben Ihrer Lerngruppe anzupassen und gegebenenfalls Veränderungen am Wortlaut, an der Gestaltung oder der Bezeichnung des Schwierigkeitsgrades vorzunehmen.

Dr. Anna-Maria Meyer-Clemens

---

[1] Aufgrund der besseren Lesbarkeit werden in diesem Buch ausschließlich die männlichen Formen verwendet. Wenn in diesem Buch von Schüler gesprochen wird, ist immer auch die Schülerin gemeint. Ebenso verhält es sich mit Lehrer und Lehrerin.

1. Didaktisch-methodischer Kommentar

1.1 KOMPETENZORIENTIERUNG

Kompetenzorientierter Literaturunterricht bedeutet vor allem, **den Unterricht auf übertragbare Befähigungen auszurichten**. Es geht darum, den Schülern **Werkzeuge** an die Hand zu geben, mithilfe derer sie sich nicht nur dieses eine Buch, das jetzt gerade „durchgenommen wird", sondern **Bücher im Allgemeinen erschließen** können. Und dabei meint „erschließen" sowohl „kennen und verstehen lernen" als auch „wertschätzen lernen". Hiermit sind die drei miteinander verwobenen Bestandteile von Kompetenzen gemeint: das **Wissen (Kenntnisse)**, das **Wollen (Bereitschaft)** und das **Können (Fähigkeiten und Fertigkeiten)**.

Im Sinne eines Spiralcurriculums bzw. eines kumulativen, schrittweisen und langfristigen Kompetenzaufbaus, ist ein **wiederholter Einsatz dieser Kartei empfehlenswert**. Den Schülern wird hierdurch deutlich, dass die mittels der Kartei erlernten Werkzeuge buchunabhängig sind und dass sie diese immer wieder hervorholen und anwenden können, wenn ihnen ein Buch begegnet. Diese Befähigung strebt ein kompetenzorientierter Literaturunterricht an.

Literatur- und lesebezogene Kompetenzen finden sich in den Bildungsstandards sowie inzwischen auch in den Lehr-/Bildungs-/Rahmenplänen vieler Bundesländer:

> *Lesen – mit Texten und Medien umgehen:*
> - *über grundlegende Lesefertigkeiten verfügen: flüssig, sinnbezogen, überfliegend, selektiv, navigierend lesen*
> - *Leseerwartungen und -erfahrungen bewusst nutzen*
> - *Wortbedeutungen klären*
> - *Textschemata erfassen, z.B. Textsorte, Aufbau des Textes*
> - *Verfahren zur Textstrukturierung kennen und selbstständig anwenden: Zwischenüberschriften formulieren, wesentliche Textstellen kennzeichnen, Bezüge zwischen Textteilen herstellen, Fragen aus dem Text ableiten und beantworten*
> - *Verfahren zur Textaufnahme kennen und nutzen: Aussagen erklären und konkretisieren, Stichwörter formulieren, Texte und Textabschnitte zusammenfassen*
> - *ein Spektrum altersangemessener Werke – auch Jugendliteratur – bedeutender Autorinnen und Autoren kennen*
> - *epische, lyrische, dramatische Texte unterscheiden [...]*
> - *Zusammenhänge zwischen Text, Entstehungszeit und Leben des Autors bei der Arbeit an Texten aus Gegenwart und Vergangenheit herstellen*
> - *zentrale Inhalte erschließen*
> - *wesentliche Elemente eines Textes erfassen: Figuren, Raum- und Zeitdarstellung, Konfliktverlauf*
> - *wesentliche Fachbegriffe zur Erschließung von Literatur kennen und anwenden: Erzähler, Erzählperspektive, Monolog, Dialog, sprachliche Bilder, Metapher, Reim, lyrisches Ich*
> - *sprachliche Gestaltungsmittel in ihren Wirkungszusammenhängen und in ihrer historischen Bedingtheit erkennen: Wort-, Satz- und Gedankenfiguren, Bildsprache (Metaphern)*
> - *eigene Deutungen des Textes entwickeln, am Text belegen und sich mit anderen darüber verständigen*
> - *analytische Methoden anwenden: Texte untersuchen, vergleichen, kommentieren*
> - *produktive Methoden anwenden: Perspektivenwechsel, innerer Monolog, Brief in der Rolle einer literarischen Figur, szenische Umsetzung, Paralleltext, weiterschreiben, in eine andere Textsorte umschreiben*
> - *Handlungen, Verhaltensweise und Verhaltensmotive bewerten*
> - *Exzerpieren, Zitieren, Quellen angeben*
> - *Wesentliches hervorheben und Zusammenhänge verdeutlichen*
> - *Nachschlagewerke zur Klärung von Fachbegriffen, Fremdwörtern und Sachfragen heranziehen*
> - *Texte zusammenfassen: im Nominalstil, mithilfe von Stichwörtern, Symbolen, Farbmarkierungen, Unterstreichungen*
> - *Inhalte mit eigenen Worten wiedergeben, Randbemerkungen setzen*
> - *Texte gliedern und Teilüberschriften finden*
> - *Inhalte veranschaulichen: durch Mindmap, Flussdiagramm, ...*
>
> [Auszüge aus: KMK „Bildungsstandards im Fach Deutsch für den Mittleren Schulabschluss", Luchterhand 2004]

Aus diesen Bildungsstandards leiten sich die Aufgaben der „Klassenlektüre-Kartei" ab.

1.2 HANDLUNGS- UND PRODUKTIONSORIENTIERUNG

Ein besonderes Augenmerk liegt bei der Auswahl der Aufgaben in dieser Kartei auf der – ebenfalls in den Bildungsstandards geforderten – Handlungs- und Produktionsorientierung des Literaturunterrichts.

Handlungs- und produktionsorientierte Verfahrensweisen im Umgang mit Texten sind z. B.:

- das **Restaurieren und Antizipieren**: Texte aus seinen Teilen selbst zusammenstellen, Texte entflechten, den Schluss eines Textes selbst verfassen, sich durch eine Fantasiereise in eine Textsituation hineinführen lassen, ...
- das **Transformieren**: Fortsetzungen schreiben, mögliche Vorgeschichte zu einer Figur schreiben, Paralleltexte verfassen, sich selber in einen Text hineindichten, ...
- eine **szenische Gestaltung**: pantomimische Darstellung, Dialoge sprechen, Standbilder darstellen, Schattenspiel, ...
- eine **visuelle Gestaltung**: einen Text in eine seine Aussage bezeichnende Schreib- oder Druckform übersetzen, Bilder zu Texten malen, Bildcollagen erstellen, grafische Verlaufskurve zu einem Text gestalten, ...
- eine **akustische Gestaltung**: mit verschiedenen Vortragsweisen experimentieren, Texte vertonen, passende Hintergrundmusik suchen, ...

Handlungs- und produktionsorientierte Verfahren sind jedoch **keine bloße Spielerei**, kein willkürliches Jonglieren mit dem Text, **kein Selbstzweck**. Durch praktisches, selbsttätiges Handeln und den aktiven Gebrauch der Sinne sollen die Schülerinnen und Schüler vielmehr ein **tieferes Textverständnis erlangen**, sich eingehend mit dem Text auseinandersetzen und eine persönliche Beziehung zu ihm aufbauen, also literarische Kompetenzen in ihrer Dreigliedrigkeit (Wissen, Können, Wollen) erlangen. Die Schüler erarbeiten sich handelnd und produzierend eine Konkretisierung des Textes durch einen konstruktiven, schöpferischen Umgang mit ihm. Als Leser werden die Schüler also verstanden **als Koproduzenten des Textes**, weil sie den Sinn eines Textes vor dem Hintergrund ihrer eigenen Erfahrungen, ihrer emotionalen Disposition, ihrer Kenntnisse etc. kreieren.

Die handlungs- und produktionsorientierten Verfahren in dieser Kartei sind ganzheitlich wirksam, indem sie **kognitive, affektive und psychomotorische Zugänge** eröffnen und miteinander verknüpfen. Damit wird den Schülern die „Produziertheit" von Texten deutlich und es kann ein Beitrag zur Textanalysekompetenz geleistet werden.

Handlungs- und produktionsorientierte Verfahren ermöglichen einen individualisierten Unterricht, fördern intensive Lernprozesse, unterstützen das allgemeine Bildungsziel der Selbsttätigkeit und werden den verschiedenen Begabungstypen und Fähigkeiten gerecht. Die Motivation zu lesen und sich mit Büchern eingehend zu beschäftigen, kann auf diesem Wege erhöht werden.

1.3 DIFFERENZIERUNG & INDIVIDUALISIERUNG

Die starke Heterogenität unserer Schülerschaft ist in aller Munde. Auch und gerade im Deutschunterricht treffen wir Lehrkräfte auf unterschiedliche Kenntnisse, Vorlieben, Fähigkeiten und Fertigkeiten unserer Schüler. **Gerade der Literaturunterricht aber bietet eine gute Möglichkeit, alle Schüler einzubinden und auf ihre Art und Weise einen Zugang zu Büchern zu eröffnen.** Viele der Aufgaben im Deutschunterricht lassen sich von den Schülern auf höchst unterschiedlichen Niveaus bearbeiten. Insbesondere komplexe Aufgaben, die den Lösungsweg nicht vorgeben und zum Teil auch zieloffen gestellt werden, sind hierfür geeignet.

Differenzierung und Individualisierung bedeutet jedoch nicht nur, **Aufgaben für verschiedene Anforderungsbereiche** oder **Abstraktionsniveaus** zu entwickeln, sondern ebenso **verschiedene Lernwege** zu eröffnen, **individuell mit Zeitvorgaben umzugehen** und dabei **keine Isolierung und Vereinzelung** zu schaffen, sondern ebenso **kooperative Methoden** anzubieten und möglichst viele der Arbeitsergebnisse in die Gruppe zurückzutragen (s. Kapitel 1.4 „Konkrete Arbeit mit der Kartei").

Die Arbeit mit dieser Kartei ermöglicht eine Differenzierung ...

> a) ... durch ein **Angebot verschiedener Sozialformen** (Einzel-, Partner-, Gruppenaufträge):

Insbesondere im Umgang mit Literatur geht es um das Rezipieren, das Deuten und vor allem um den Austausch darüber. Durch die unterschiedlichen Sicht- und Herangehensweisen und die verschiedenen Deutungsansätze der Kinder und Jugendlichen – hier wird die Heterogenität einer Lerngruppe zum wahren Paradies – kann das Ziel einer Identifizierung mit Literatur und das Ziel der Erfahrung von Lebensbedeutsamkeit von Literatur erreicht werden. Aus diesem Grund enthält diese Kartei auch viele Aufgaben zur Partner- und Gruppenarbeit. Auf den Karten sind in der rechten oberen Ecke Vorschläge für die Sozialform angegeben. In einfachen Ziffern wird dargestellt, mit wie vielen Personen an der betreffenden Aufgabenstellung gearbeitet werden kann/muss.

> b) ... durch die **Berücksichtigung unterschiedlicher Zugänge, Lernwege, Neigungen und Interessen:** schreibend, lesend, gestaltend, erzählend, nachempfindend, verändernd, spielend, zeichnend etc.

Jede Schülerin und jeder Schüler kann sich von verschiedenen Aufgaben ansprechen lassen, kann Neigungen entsprechend auswählen und auch neue Interessen entwickeln. Durch die Vorführung und Arbeit verschiedener Schüler an unterschiedlichen Aufgaben und das Vortragen der Arbeitsergebnisse in der Gruppe (s. o.) ergibt sich häufig von selbst eine Atmosphäre der Neugier auf bisher unbekannte Aufgabenstellungen und Arbeitsweisen. Das Argument, freie Arbeit sei ein reines Wunschkonzert und lediglich lustbetont kann also nicht handlungsleitend für die Unterrichtsplanung sein, denn die intrinsische Motivation ist zwar der Auslöser und Motor für das Bearbeiten einer Aufgabe, dies muss jedoch nicht dazu führen, dass jeder Schüler auf der Stelle tritt und bezüglich Methoden und Aufgabenarten seinen Horizont nicht erweitert. **Wer die Aufgaben wirklich zur freien Wahl stellt, wird erfahren, dass sich Schüler auch Aufgaben aussuchen, die sie selbst voranbringen.** Auch oder gerade ein pubertierender Jugendlicher erfährt gern Selbstwirksamkeit und Erfolge (vgl. dazu Grone & Petersen, 2002)[2]. Es ist aber natürlich auch möglich, diesbezüglich Vorgaben zu machen und – entweder für einzelne Schüler oder die gesamte Lerngruppe – Pflichtaufgaben auszuweisen (s. Kapitel 1.4 „Konkrete Arbeit mit der Kartei").

---
2 Wibke v. Grone / Jörg Petersen (2002): Zum Lernen anregen. Motivation in Theorie und Praxis. Auer Verlag

1.3 DIFFERENZIERUNG & INDIVIDUALISIERUNG

> c) ... durch eine **Flexibilität im Arbeitstempo**:

Das Ziel der Kartei ist es, den Kindern und Jugendlichen in ihrer Arbeit mit einem Buch **Wahlmöglichkeiten** bezüglich der Aufgabenstellungen zu eröffnen. Das bedeutet, dass die Schüler einer Lerngruppe zum gleichen Zeitpunkt an ganz unterschiedlichen Aufgaben arbeiten. Schon alleine diese Tatsache führt zwangsweise von einer Arbeit im zeitlichen Gleichschritt weg (s. Kapitel 1.4 „Konkrete Arbeit mit der Kartei").

Die Flexibilität im Arbeitstempo benennt jedoch auch die Möglichkeit, dass sich verschiedene Schüler ganz unterschiedlich lange mit ein und derselben Aufgabe beschäftigen können. Die **Dauer der Arbeit an einer Aufgabe** hängt auch vom Grad der Tiefe ab, mit der sich ein Schüler auf eine Aufgabenstellung einlässt (s. o.), sowie vom Konzentrations- und Durchhaltevermögen. Sie hängt aber auch nicht zuletzt von der Erfolgs-/Misserfolgserwartung und der dieser zugrunde liegenden Disposition bezüglich der Leistungsmotivation ab, die durch einen entsprechenden Unterricht positiv beeinflusst werden kann (vgl. dazu Grone & Petersen, 2002).

> d) ... durch die unterschiedliche **Gestaltung der Aufgabenstellungen bzw. Karteikarten**:

Es ist aus der Fachdidaktik Deutsch der Grundschule und aus der Sprachförderung hinreichend bekannt, welche Faktoren den Schwierigkeitsgrad von Texten und Aufgabenstellungen für Schüler auf der Darbietungsebene ausmachen. Diesen Faktoren wird in der Gestaltung der Aufgabenstellungen Rechnung getragen, indem folgende Elemente angepasst wurden:
- ... die Schriftgröße (18 pt bis 14 pt)
- ... die Art der Gliederung des Textes und Lesehilfen (Anzahl der Absätze, Unterstreichungen)
- ... die Wortwahl (einfach bis komplexer)
- ... die Satzstruktur (einfach bis komplexer)
- ... Veranschaulichung durch erklärende Zeichnungen und Bilder

> e) ... durch **Angebote von Aufgaben zu den verschiedenen Anforderungsbereichen**:

In den Broschüren der Behörde für Bildung und Sport in Hamburg zu den Haupt- und Realschulabschlussprüfungen wurden möglichen Aufgaben im Deutschunterricht verschiedene Operatoren zugeordnet, um so die Anforderungsniveaus abzugrenzen und für die Unterrichtsplanung und die Abschlussprüfungen handhabbar zu machen: So wird z. B. das „Markieren" dem niedrigsten Anforderungsbereich 1, das „Beurteilen" hingegen dem anspruchsvollsten Anforderungsbereich 3 zugeordnet (vgl. dazu www.hamburg.de/contentblob/2900948/data/realschule-2012.pdf).

Gerade im Fach Deutsch jedoch kann das „Markieren" eine hochanspruchsvolle Aufgabe sein und eine „Beurteilung" recht leicht fallen. Trotz dieser Schwierigkeit ist es unerlässlich, das Potenzial von Aufgabenstellungen hinsichtlich ihres kognitiven Anspruchs zu überprüfen. Von den Schülern aus gedacht, fällt dies unter Umständen leichter: Es ist sicherzustellen, dass im Literaturunterricht genügend Aufgaben vorhanden sind, die von ausnahmslos allen Schülern ausgeführt werden können – und sei es das Abschreiben einer Textstelle oder das Malen eines Bildes zu einer Textpassage. Dies entspricht dem im kompetenzorientierten Unterricht geforderten **Mindeststandard**.

1.3 DIFFERENZIERUNG & INDIVIDUALISIERUNG

Sicherzustellen ist jedoch ebenfalls, dass genügend Aufgaben vorhanden sind, die auch die leistungsstärksten Schüler einer Lerngruppe in ausreichendem Maße herausfordern und weiterbringen. An dieser Stelle sollte der Rahmen bis hin zum **Expertenstandard** zur Verfügung gestellt werden. Der Horizont sollte hier nicht mit dem Argument „Das können meine Schüler nicht" eingegrenzt werden. Denn wer weiß: Vielleicht kann oder lernt es der eine oder andere doch?

Es darf nicht sein, dass **leistungsstarke Schüler** in heterogenen Lerngruppen zu wenig gefordert sind oder vor allem lernen, indem sie schwächeren Mitschülern etwas erklären. Natürlich ist das „Lernen durch Lehren" eine wirksame und lernintensive Methode. Es ist jedoch Vorsicht geboten, wenn die leistungsstarken Schüler zu Hilfslehrern werden. Dennoch müssen auch den leistungsschwächeren Schülern Erfolgserlebnisse möglich sein, ohne dass sie sich minderwertig fühlen müssen.

Mithilfe der vorliegenden Kartei, deren Aufgabenstellungen ausnahmslos für alle Schüler zugänglich sind, habe ich versucht, diesen „Spagat" zu schaffen und den vielschichtigen Bedürfnissen gerecht zu werden. Gerade im Bereich der ausreichenden Förderung der leistungsstarken Schülerinnen und Schüler habe ich die besten Erfahrungen mit Freiräumen gemacht: Sie selbst kamen auf die anspruchsvollsten Aufgaben, die sie dann noch viel eher bereit waren anzugehen, als stammten sie aus meiner Feder.

Die Kennzeichnung der Aufgaben der Kartei mit Sternen beruht auf meinen eigenen Unterrichtserfahrungen: ☆ niedriger, ☆☆ mäßiger, ☆☆☆ erhöhter, ☆☆☆☆ hoher Schwierigkeitsgrad.

1.4 DIE KONKRETE ARBEIT MIT DER „KLASSENLEKTÜRE-KARTEI"

Diese Kartei ist für einen Einsatz im offenen Unterricht konzipiert. Sie wird vornehmlich *während* der Lektüre als begleitendes Arbeitsmaterial eingesetzt. Möglich ist auch – vor allem in höheren Klassen – der Einsatz der Kartei *nach* der vollständigen Lektüre eines Buches.

Mithilfe dieser Literaturkartei können sehr viele Kompetenzen (s. Kapitel 1.1 „Kompetenzorientierung") gefestigt und weiterentwickelt werden. Da es sich um eine **nicht an eine spezifische Lektüre gebundene Kartei** handelt, ist es sicher notwendig, bestimmte Besonderheiten eines Buches **durch spezifische, auf das Buch bezogene Aufgabenstellungen zu ergänzen**.

Natürlich ist die Kartei auch **als Aufgabenpool für einen gebundenen Unterricht nutzbar**, in dem alle Schüler die gleichen Aufgaben bearbeiten müssen. Das eigentliche Ziel der Aufgabensammlung und ihre Stärke bestehen jedoch darin, einen individualisierten Unterricht zu ermöglichen.

Ein **ästhetisch ansprechendes Arbeitsmaterial** führt oft zu einer umsichtigen Behandlung auf Seiten der Schülerschaft. Daher empfehle ich einen bunten, qualitativ hochwertigen Ausdruck und eine gute Laminierung der Karten. Eine Abrundung der Ecken geschnittener Karten ist zwar eine unangenehme und langwierige Arbeit, vermeidet aber das unangenehme „Pieken" an den Schülerhänden bei der Arbeit mit den Karteikarten, und wer arbeitet schon gern mit einem „schmerzhaften" Material?

In der freien Arbeit ist die Ergebnispräsentation unerlässlich. Durch eine Ergebnispräsentation werden die individuellen Arbeitsergebnisse der Schüler in die Gruppe getragen. Es können Diskussionen über diese Arbeitsergebnisse geführt werden, um einer Vereinzelung in der individualisierten Arbeit entgegenzuwirken. Um die Arbeitsergebnisse der Schüler angemessen zu würdigen, sollte in bestimmten Zeitabständen (für Anfänger wöchentlich!) eine **feste Präsentationszeit** eingerichtet werden. Es kann darüber hinaus auch eine Pinnwand für die Ausstellung besonders gelungener Arbeitsergebnisse ausgewiesen werden. Hier kann mithilfe von Post-it-Zetteln auch eine Feedbackkultur entwickelt werden. Besondere Präsentationen (Ergebnisportfolio, Elternabende, Vorstellung in anderen Klassen oder im Jahrgang, Ausstellung auf dem Schulfest/Tag der offenen Tür etc.) können die Motivation erhöhen.

Je offener der Unterricht, desto klarer die Strukturen. Was zunächst widersprüchlich anmutet, ist bei genauerem Hinsehen untrennbar miteinander verbunden: Je mehr Freiräume ich den Schülern gebe, desto klarer müssen ihnen die Anforderungen sein, desto deutlicher muss ihnen sein, wo sie die Materialien finden, wie sie sich verhalten sollen, damit die Arbeit für sie selbst erfolgreich ist und damit sie andere nicht in ihrer Arbeit stören etc.

Um die Arbeit mit der Kartei zu erleichtern, haben sich **Regeln für die Schüler** als hilfreich erwiesen, die ich im Folgenden kurz zusammenfassen möchte. Sie sollten – sprachlich und inhaltlich an die Alters- und Lerngruppe angepasst – den Schülern ausgehändigt und ausführlich besprochen werden:

1.4 DIE KONKRETE ARBEIT MIT DER „KLASSENLEKTÜRE-KARTEI"

Regeln für die Schüler

1. Ich lege für die Arbeit mit der Literaturkartei ein gesondertes Heft und eine dazugehörige Mappe (= **Lesetagebuch**) an.
2. Ich schreibe die **Aufgabenstellung**, an der ich arbeite, von der Karteikarte in mein Heft/Lesetagebuch ab. Danach lege ich die Karteikarte sofort wieder zurück an ihren Platz. Karteikarten können nicht mit nach Hause genommen werden.
3. Ich mache auf meinem **Arbeitsplan** durch ein Datum kenntlich, welche Aufgaben ich wann erledigt habe. Für einige/alle Aufgaben benötige ich auch eine Unterschrift des Lehrers, um sie ganz abzuschließen.
4. Wenn ich eine Karteikarte bearbeitet habe und ein gutes Ergebnis erzielt habe, darf ich meinen Namen auf der „**Hierfür-bin-ich-Profi-Liste**" bei der betreffenden Karteikarte eintragen. Dann können meine Mitschüler zu mir kommen, wenn sie Hilfe bei dieser Karte benötigen.
5. Ich wähle die Karteikarte, die ich bearbeiten möchte, sorgfältig aus, denn wenn ich eine Arbeit **beginne**, werde ich diese auch **beenden**!
6. Es stehen mir alle Karteikarten zur Verfügung. Es ist wichtig, dass ich Aufgabenstellungen wähle, die mich genügend fordern, damit ich etwas lerne und Erfolgserlebnisse habe. Ich nutze die Freiheit der freien Auswahl, um voranzukommen und Leistung zu zeigen. Ich messe mich nicht an meinen Mitschülern, sondern versuche, mir **meine eigenen Ziele** zu setzen und diese zu verfolgen. [s. Erläuterung unten]
7. Wenn ich **Hilfe** brauche, hänge ich mein Namensschild an die Tafel. Achtung: Warten ist keine Arbeit! Wenn es einige Minuten dauert, bis der Lehrer zu mir kommen kann, arbeite ich inzwischen an anderer Stelle weiter!
8. Ich wähle die **Sozialform**, in der ich eine Aufgabe am besten bearbeiten kann. Ich sollte versuchen, sowohl mit einem Partner, in der Gruppe als auch alleine zu arbeiten. Ich finde die richtige Mischung, denn: Der Mix macht's!
9. Ich fülle zu jeder Aufgabe die **Reflexionsbögen** aus! Bei den Aufgaben mit drei und vier Sternchen muss ich vor und nach der Arbeit reflektieren. Bei den Aufgaben mit einem oder zwei Sternchen muss ich nur nach der Arbeit reflektieren. Die Reflexionsbögen helfen mir, klarzustellen, was eine Aufgabe mir bringt und was für einen Lernzuwachs ich durch sie erreiche.

Erläuterung zur Regel 6:
Diese ist eine der ganz wichtigen Regeln für die Arbeit mit der Klassenlektüre-Kartei. Sie sorgt für eine Verbindlichkeit, die insbesondere im offenen Unterricht von großer Wichtigkeit ist, da ich als Lehrer nicht immer weiß, welche Arbeit die Schüler gerade ausführen. Ich erkläre meinen Schülern ihre Verantwortung für ihre Lernprozesse so: *„Häufig werden dir die Aufgaben im Unterricht von uns Lehrern zugeteilt. Dann achten auch wir Lehrer darauf, dass du diese Aufgaben auch wirklich erledigst und zu einem Ziel kommst, also etwas lernst. Nun aber hast du die Möglichkeit, alle/viele/einige Aufgaben frei auszuwählen. Daher ist es nötig, dass du selbst darauf achtest, die passenden Aufgaben für dich auszuwählen und dann auch zu Ende zu bearbeiten. Wenn du nämlich alles Mögliche anfängst und dann wieder sein lässt und nichts richtig zu Ende bringst und schaffst, wirst du nicht weiterkommen und keine Erfolgserlebnisse haben. Deshalb gilt die Regel: Wer eine Aufgabe begonnen hat, führt diese auch zu Ende. Überlege dir gut, welche Aufgabe du annehmen möchtest. Ich helfe dir dabei gern, wenn du das möchtest."*

1.4 DIE KONKRETE ARBEIT MIT DER „KLASSENLEKTÜRE-KARTEI"

Tipps für Anfängerklassen und zur Einführung der Kartei

Die Kartei kann natürlich auch auszugsweise eingesetzt werden. Insbesondere in Klassen, die eine freie Arbeitsweise nicht gewohnt sind, sollte die **Aufgabenanzahl beschränkt** und nach und nach um einige Karten aufgestockt werden. So bleibt auch die „Abnutzung" der Aufgaben aus, wobei eine wiederholte Erledigung der Aufgaben zu verschiedenen Büchern ja durchaus zum Konzept dieser Kartei gehört (s. Kapitel 1.1 „Kompetenzorientierung").

Es kann – insbesondere für Schüler, denen das selbstständige Arbeiten noch schwerfällt und die sich selbst noch nicht ausreichend organisieren können – sehr sinnvoll und hilfreich sein, die **Aufgabenstellungen bestimmten Kapiteln oder Szenen eines Buches zuzuordnen**. Dies erleichtert die Bearbeitung wesentlich, weil die durchaus anspruchsvolle Anforderung an die Schüler, eine geeignete Aufgabe für eine Textpassage auszuwählen, damit entfällt. Pro Kapitel/Szene eines Buches kann eine Briefablage eingerichtet werden, in der dann eine oder auch mehrere Karteikarten zu finden sind.

Die Karteikarten können zur Einführung innerhalb der Klasse ausgeteilt werden und in Einzel- oder Partnerarbeit **im Plenum vorgestellt** werden. So können Unklarheiten behoben werden. Möglich ist auch, ein **Ausstellen der Karteikarten im Klassenraum** mit Aufgabenstellungen zu verbinden und damit ein Kennenlernen und eine erste Auseinandersetzung mit den Aufgabenstellungen zu erreichen.

Mögliche Suchaufgaben zu dieser Methode:
- Suche dir eine/zwei/drei Lieblingsaufgabe(n) aus und begründe deine Wahl!
- Suche eine Aufgabe aus, die du ganz merkwürdig findest!
- Suche eine Aufgabe aus, die du schon gut kennst und anderen erklären kannst!
- Suche eine Aufgabe aus, die du nicht verstehst und die dir ein Mitschüler oder Lehrer erklären soll!

Um in die Bezeichnung für die Schwierigkeitsgrade einzuführen, eignet sich folgende Suchaufgabe:
- Suche eine Aufgabe heraus, die du besonders schwierig findest, und eine Aufgabe, die du besonders leicht findest! Begründe deine Wahl!

Es sollte anschließend im Plenum darüber gesprochen werden, was als schwierig und was als leichter empfunden wird und warum. Dabei empfiehlt es sich, auch auf die Gestaltung der Karteikarten (s. Kapitel 1.3 „Differenzierung & Individualisierung") einzugehen. Danach sollte den Schülern erklärt werden, dass die Sternchen für unterschiedliche Schwierigkeitsgrade stehen. Die Reflexionsbögen helfen dabei, diese Schwierigkeitsgrade mit Leben zu füllen und besser zu verstehen. Erst nach und nach werden die Schüler ein Gespür dafür bekommen. Für mich als Lehrerin heißt das in einer 5. Klasse: Zeit geben, beraten und darauf vertrauen, dass die ungewohnte Freiheit im offenen Unterricht mit der „Klassenlektüre-Kartei" langsam, aber sicher Früchte bei vielen Schülern tragen wird.

Es ist auch möglich, die **Schüler aktiv in die Erstellung der Karteikarten einzubinden** und ihnen Unterrichtszeit zum Anmalen der schwarz-weiß ausgedruckten Vorlagen, zum Laminieren und zum Ausschneiden der Karteikarten zu geben. Hier kann auch schon eine recht zwanglose Beschäftigung mit den Aufgabenstellungen angebahnt werden. Eine solche Einbindung in die Erstellung des Arbeitsmaterials führt meinen Erfahrungen nach häufig zu einem recht bedachten und sorgsamen Umgang der Schüler mit der Kartei. Darüber hinaus kann auf diesem Wege auch deutlich gemacht werden, dass weitere Aufgaben erdacht und in die entsprechende Form gebracht werden können. Viele Schüler sehen eine von ihnen selbst kreierte Aufgabe überaus gern in laminierter Form im Klassenraum und sind sehr stolz darauf, dass ihre Mitschüler mit ihrer Aufgabe so arbeiten, als kämen sie aus der Lehrerhand.

1.4 DIE KONKRETE ARBEIT MIT DER „KLASSENLEKTÜRE-KARTEI"

Für Anfängerklassen sollte die **Arbeit mit der Kartei lediglich *während* der Unterrichtszeit** stattfinden. So können wir Lehrer unsere Schüler bei der Arbeit beobachten, sie einschätzen und ihnen helfend und beratend zur Seite stehen.

Da die freie Arbeit eine sehr anspruchsvolle und anstrengende Arbeitsform ist (Schüler tragen Verantwortung für ihren Lernprozess, müssen Aufgaben selbst auswählen, sich selbstständig organisieren etc.), sollte sich die Arbeit mit der Kartei vor allem für Anfängerklassen nicht allzu lange hinziehen. Für Anfängerklassen ist es jedoch wiederum notwendig, dass die Schüler sich an diese Arbeitsform gewöhnen, damit nur noch wenig Energie für die Arbeitsweise und Organisation aufgewendet werden muss und möglichst viel Aufmerksamkeit den Aufgabenstellungen gelten kann. Möglich sind auch „**Verschnaufpausen**" durch Aufgaben, die die ganze Klasse gemeinsam bearbeitet. Eine Arbeitsphase in Anfängerklassen von **3 Wochen am Stück**, d. h. in jeder verfügbaren Deutschstunde, habe ich als sinnvoll erfahren.

Die Karteikarten sollten insbesondere in Anfängerklassen **möglichst gut sichtbar und gut verteilt präsentiert** werden. Es bietet sich an, die Karteikarten an einer Wäscheleine im Klassenraum oder an einer Wand als eine Art Girlande aufzuhängen. Diese Darbietung ermöglicht im Gegensatz zu einem Karteikasten, dass mehrere Schüler gleichzeitig gut an die Karteikarten herankommen. Zudem bietet den Schülern eine feste Installation der Karteikarten im Klassenraum für die Zeit der Arbeit mit der Kartei auch außerhalb des Deutschunterrichts immer einmal wieder die Möglichkeit, die Karteikarten anzuschauen, sich mit ihnen zu beschäftigen, sich an sie zu erinnern etc.

Tipps für Fortgeschrittenenklassen

Die Kartei enthält einige Aufgaben, die keine Niederschrift erfordern. Um die Reflexionsfähigkeit zu schulen, kann für diese Aufgaben eine **Dokumentation** gefordert werden. Die Schüler können entweder frei oder angeleitet (s. z. B. Reflexionsbögen) bestimmte Aspekte ihrer Arbeit im Nachhinein betrachten und die Qualität und den Nutzen ihrer geleisteten Arbeit reflektierend bestimmen.

Die gleiche Vorgehensweise eignet sich auch für Partner- und Gruppenarbeiten. Hierzu können jedoch auch gegenseitige Einschätzungen und ein Austausch über die gemeinsame Arbeit gefordert werden.

Abgesehen von den Sternchen auf den Aufgabenstellungen ist es auch möglich, innerhalb der Klasse eine **Bewertungslinie von „ganz leicht" bis „ganz schwer"** an die Wand zu heften, unter der die Schüler dann die Karteikarten anbringen, mit denen sie gearbeitet haben. Diese Methode bringt die Schüler über den Schwierigkeitsgrad von Aufgabenstellungen ins Gespräch und kann zu einer angeregten Diskussion der Klasse über Schwierigkeitsgrade von Aufgabenstellungen, über den Zusammenhang zwischen der persönlichen Herangehensweise und dem Schwierigkeitsgrad einer Aufgabe führen. Auf diesem Wege wird ein Beitrag zur Selbstreflexion geleistet.

Hausaufgaben sind auch im freien, individualisierten Unterricht möglich. Es kann dazu eine Hausaufgabenliste mit den Namen der Schüler aufgehängt werden. Diese tragen ihre selbst gewählte Hausaufgabe ein sowie das Datum, bis zu welchem sie die Aufgabe erledigen möchten. Der Lehrer lässt sich zum vereinbarten Datum die Hausaufgabe vorzeigen und hakt diese auf der Liste ab.

1.4 DIE KONKRETE ARBEIT MIT DER „KLASSENLEKTÜRE-KARTEI"

Pausen sollten sich Schüler, die mit der freien Arbeit schon vertraut sind, selbst nehmen können – z. B. wenn sie eine Aufgabe erledigt haben, damit der Arbeitsprozess nicht durch auferlegte Pausen gestört wird. Zur Organisation dieser **individuellen Pausenzeiten** eignen sich zum Beispiel selbst angefertigte Pausenkärtchen, die zu Beginn des offenen Unterrichts ausgeteilt und dann vom Schüler beim Lehrer abgegeben werden, wenn er/sie die 5-Minuten-Pause machen möchte. Hier gilt die Regel: 5-Minuten-Pausen werden grundsätzlich allein oder zu zweit, nicht aber in größeren Gruppen nach Absprache verbracht! Ich vertraue den Schülern, dass sie ihre Pause nicht unnötig ausdehnen. In diesem Sinne ist es auch möglich, dass Pausenkärtchen zunächst auf Probe ausgegeben werden und der Schüler beweisen muss, mit der Pausenzeit verantwortlich umgehen zu können.

Der oben beschriebene Arbeitsplan, der ja eigentlich nur die Karteikarten bzw. Aufgabenstellungen auflistet, kann auch durch einen **kompetenzorientierten Arbeitsplan** ersetzt werden. In einem solchen Arbeitsplan finden sich dann an erster Stelle die Kompetenzen, die erreicht bzw. weiterentwickelt werden sollen (Spalte „Ich kann …"). Daneben finden sich dann die Karteikarten, welche diese Kompetenz trainieren (Spalte „Hiermit kannst du trainieren und arbeiten"). Der Vorteil dieser kompetenzorientierten Arbeitspläne liegt in ihrer großen Transparenz für Schüler, Lehrer und Eltern. Er fordert die Schüler dazu auf, nicht einfach die Aufgaben abzuarbeiten, sondern zielorientiert vorzugehen und die Aufgaben als Weg zum Ziel (= klar definierte und ausformulierte Kompetenz) zu verstehen. Diese Art der Arbeit ist jedoch anspruchsvoll und sollte erst dann aufgenommen werden, wenn die Schüler mit einer offenen Unterrichtsorganisation und einer stärker selbstverantwortlichen Arbeitsweise vertraut sind – also nachdem ein Arbeiten an konventionellen, inhaltsorientierten Arbeitsplänen gut funktioniert. Dann jedoch können kompetenzorientierte Arbeitspläne einen großen Gewinn an Motivation, Eigenverantwortung und Lernzuwachs bedeuten.

1.5 BEWERTUNG DER ARBEIT MIT DER „KLASSENLEKTÜRE-KARTEI"

Bezüglich der Bewertung der Arbeit mit der Klassenlektüre-Kartei sei folgende grundsätzliche Überlegung vorangestellt: Es müssen – wie in jedem Unterricht – **bewertungsfreie „Übungszonen"** von **bewertungsrelevanten Phasen** klar abgegrenzt werden. Konkret bedeutet dies, dass ich als Lehrer nicht alles bewerten muss und auch nicht bewerten soll. In diesem Sinne gibt es folgende Bewertungsmöglichkeiten, die sich bewährt haben:

Möglich ist z. B. die Ausstattung einiger Karteikarten mit Klebepunkten, um sie dadurch als **bewertungsrelevante Pflichtaufgaben** zu deklarieren. Verschiedenfarbige Punkte können dabei ausweisen, ob sich die jeweiligen Aufgaben auf grundlegende oder erweiterte Anforderungen beziehen. Diese Pflichtaufgaben sollten zur besseren Übersicht auch im Arbeitsplan der Schüler ausgewiesen werden (Spalte W/P = Wahl/Pflicht). Die Ergebnisse dieser Aufgaben kann der Lehrer dann bewerten oder auch als Grundlage für eine an diese Aufgabenstellungen anknüpfende Klassenarbeit heranziehen.

Es besteht natürlich auch die Möglichkeit, das ganze Lesetagebuch zu bewerten. Hier kann eine Aufgabe für die Schüler darin bestehen, eine festgelegte Anzahl von Aufgaben zu kennzeichnen, die in die Bewertung eingehen sollen. An dieser Stelle stünde dann weniger die so häufig herangezogene soziale Bezugsnorm (Vergleichbarkeit) als eher die an der Sache und dem Schüler orientierte Bezugsnorm im Vordergrund der Bewertung.

1.6 TYPISCHE PROBLEME MIT DER „KLASSENLEKTÜRE-KARTEI" – UND EINIGE LÖSUNGSIDEEN

Freie Arbeit ist eine Arbeitsform, die die Schüler in vielerlei Hinsicht stark fordert. Die meisten Probleme in dieser Unterrichtsform ergeben sich daher aus dem **hohen Grad der Verantwortung der Schüler für ihren eigenen Lernprozess und -erfolg** und die damit einhergehenden Freiheiten bezüglich des Inhalts (freie Aufgabenwahl und freie Wahl des Schwierigkeitsgrads), der Sozialform (freie Wahl der Sozialform und Arbeitspartner), ihres Arbeitstempos (Zeitmanagement) etc. Aus diesem Grund besteht eine Hilfestellung für die Schüler und damit die Lösungsidee für die daraus hervorgehenden Probleme meist in einer **Einschränkung ihrer Freiheiten** bzw. – positiver ausgedrückt – in einer **Entlastung von ihrer großen Verantwortung für ihren Lernprozess:**

Problem	Lösungsidee
Schüler sind von der Fülle der Aufgaben „erschlagen"	keinen vollständigen Arbeitsplan ausgeben, sondern eine leere Tabelle, in die der Schüler die Aufgaben einträgt
Schüler arbeiten immer nur mit „der besten Freundin" oder immer nur alleine und isoliert	Vorgaben bezüglich der Arbeitsform machen und auf dem Arbeitsplan unter „Bemerkungen/Vereinbarungen" vermerken
Schüler haben Schwierigkeiten, das für sie passende Niveau von Aufgaben zu finden oder suchen sich absichtlich zu leichte Aufgaben aus	Kennzeichnung von zu erledigenden Aufgabenstellungen (Pflichtaufgaben) auf dem Arbeitsplan des Schülers
schreibschwache Schüler sind sehr lange mit dem Abschreiben der Karteikarten in ihr Heft beschäftigt und der Inhalt kommt zu kurz	Karteikarten kopieren und einkleben lassen
Schüler kommen nicht voran, arbeiten zu langsam, schaffen zu wenig	Zeitplan mit dem Schüler vereinbaren und auf dem Arbeitsplan des Schülers unter „Bemerkungen/Vereinbarungen" vermerken; nach Beendigung einer Aufgabe gemeinsam besprechen und festlegen, was als Nächstes passieren soll
Schüler beginnen viele Aufgaben, beenden aber nichts richtig	Festlegung von Zeitfenstern für die Bearbeitung von Aufgaben: Was denkst du, wie viel Zeit du benötigen wirst? Zeitpunkt der Abgabe im Arbeitsplan des Schülers unter „Bemerkungen/Vereinbarungen" vermerken

Durch die selbstständige Arbeit der Schüler werden beim Lehrer **Kapazitäten** frei, die im gebundenen Unterricht für die Anleitung und Führung des Unterrichts benötigt werden. Diese Kapazitäten können nun für die **individuelle Beratung** genutzt werden. Um eine gerechte Reihenfolge der hilfesuchenden Schüler einzuhalten und um einer Schlangenbildung vorzubeugen, empfiehlt es sich, Namenskarten o. Ä. zu erstellen. Wenn ein Schüler Hilfe benötigt, heftet er seine Namenskarte z. B. an die Tafel. So kann der Lehrer die Schüler nacheinander „abarbeiten".

2. Vorlagen für Aufgabenkarten in vier Differenzierungsstufen

2.1 Aufgaben mit niedrigem Schwierigkeitsgrad

Ein Kapitel hören 20
Mein Suchsel 21
Der wichtigste Satz 22
Ich erkunde mein Buch 23
Wettstreit um drei Fragen 24
Ein Bilderrätsel entwerfen 25
Eine besondere Textstelle vorlesen 25
Ein Personenverzeichnis anlegen 27
Mein eigenes Cover 28
Darüber habe ich gelacht 29

Ein Kapitel hören

1 – 2

Höre dir ein Kapitel als **Hörbuch von der CD** an.

Bearbeite diese Aufgaben in deinem Heft:

- *Dies sind die wichtigsten **Unterschiede** zwischen Buch und Hörbuch: …*

- *Diese Dinge sind im Buch und im Hörbuch **gleich**: …*

- *Mir **gefällt**, dass der Leser …*

- *Ich finde, der Leser **sollte lieber** …*

Mein Suchsel 1

R	A	E	R	P	K	L	L	V	U	K	H
R	A	T	E	F	F	N	O	I	R	K	O
P	I	T	E	S	S	O	B	U	E	A	L
R	O	Z	T	Q	O	I	E	L	P	H	I
A	T	I	K	I	N	Y	E	Z	U	B	P
L	K	O	S	B	F	F	R	H	E	E	R
B	S	S	U	C	P	T	H	E	X	R	N
I	E	Z	R	H	P	R	E	R	S	S	T
N	I	K	E	S	E	I	O	K	N	Y	U
O	P	D	K	N	S	Y	V	B	K	I	T
U	N	K	P	R	E	D	G	J	L	Z	U

Entwirf ein „Suchsel" zu einem Kapitel.

Zeichne dazu ein **Gitter** von 40 x 40 Kästchen auf ein **kariertes Blatt**.

Vier Karos ergeben zusammen immer ein Quadrat des Gitters, damit du nicht zu klein schreiben musst:

Trage dann **10 Begriffe**, die in dem Kapitel vorkommen, in die Kästchen ein.
1 Buchstabe = 1 Kästchen:

Fülle dann die restlichen Kästchen mit beliebigen Buchstaben, um die 10 Begriffe gut zu verstecken.

Gib das Rätsel einem Mitschüler/einer Mitschülerin. Findet er/sie die versteckten 10 Begriffe?

Der wichtigste Satz 1

> Ein Satz über
> ein ganzes
> Blatt verteilt ...

Suche dir einen **Satz** aus, den du **besonders wichtig** findest.

Schreibe ihn in ganz besonders großen Buchstaben **über ein großes Blatt Papier verteilt.**

Schreibe 5–6 Sätze als **Erklärung** auf die Rückseite:

Dieser Satz ist mir so wichtig, weil ...
Ich finde diesen Satz ...
Dieser Satz sagt mir, dass ...
...

Ich erkunde mein Buch 1

Vervollständige die zehn Sätze und schreibe sie ab!

1. Mein Buch riecht nach (oder wie) ...
2. Mein Buch fühlt sich an wie ...
3. Mein Buch enthält ... Kapitel.
4. Die Geschichte in meinem Buch hat ... Seiten.
5. Ich halte die ... Auflage in der Hand.
6. Die Autorin/Der Autor des Buches heißt ...
7. Der Verlag, in dem das Buch erschienen ist, heißt ...
8. Das Buch ist zum ersten Mal ... erschienen.
9. Die Autorin/Der Autor hat das Buch in dieser Sprache geschrieben: ...
10. Die Übersetzerin/Der Übersetzer des Buches heißt ...

Wettstreit um drei Fragen   1

Überlege dir **drei Fragen** zu einem Kapitel aus deinem Buch und scheibe sie auf.

Gib die Fragen **mehreren Mitschülern** und bitte sie, deine Fragen zu beantworten.

Entscheide, wer von deinen Mitschülern die besten Antworten formuliert hat.
Bekommt der **Sieger** einen kleinen Preis von dir?

Ein Bilderrätsel entwerfen 1

Die  bleibt zu

Schreibe einen **kleinen Abschnitt** eines Kapitels in Bilderrätseln auf.

Ersetze in einigen Sätzen so viele **Wörter** wie möglich **durch kleine Bilder** oder Zeichnungen.

Dazu musst du den Text sehr genau lesen und gut auswählen, welche Sätze sich dafür eignen.

Gib deinen „Text" einem **Mitschüler** zum Lesen. Funktioniert dein Rätsel?

Eine besondere Textstelle vorlesen — 1

Suche dir eine **Textstelle** aus dem Kapitel heraus, die dir **besonders auffällt**.

Schreibe auf, **warum** dir diese Stelle aufgefallen ist.

Übe diese Stelle **mehrmals laut zu lesen**.

Wenn du genug geübt hast, **liest du** diese Stelle **deiner Klasse vor**.

Erkläre deinen Zuhörern vorher kurz, **wo** sich deine Textstelle in dem Kapitel befindet.

Ein Personenverzeichnis anlegen 1 – 2

In deinem Buch kommen **mehrere Personen** vor.

Fertige eine **Tabelle** an, in der du die **Personen auflistest** und eine **kurze Erklärung** zu ihnen aufschreibst.

So könnte deine Tabelle aussehen:

Person	Aussehen	Eigenschaften
Tom	eher klein, Sommersprossen, kurze, blonde Haare, …	malt gerne, ist freundlich, spielt gut Fußball, …
Lena	kurze, dunkle Haare, ziemlich groß, grüne Augen, eine Narbe am Kinn, …	ist fröhlich und lacht viel, spielt gern mit Freunden, streitet sich fast nie, ist in Mathe sehr gut, …

Mein eigenes Cover

Du findest die Gestaltung deines Buches langweilig oder unpassend?

Dann gestalte das Cover doch einfach neu!

Nimm dir ein **A4-Blatt** und lege dein **aufgeschlagenes Buch auf das Blatt**.

Schlage nun dein Buch in das A4-Blatt ein, indem du die Kanten um den Buchdeckel schlägst und mit **Tesafilm** festklebst.

Nun kannst du den Umschlag so gestalten, wie er deinen Vorstellungen entspricht.

Darüber habe ich gelacht 1

Schreibe eine Textstelle aus dem Kapitel ab, über die du gelacht hast.

Wenn du möchtest, kannst du sie auch **verzieren**, um die **lustige Stimmung** deutlich zu machen.

Schreibe 5 – 6 Sätze als **Erklärung** dazu:

Ich habe über diese Textstelle gelacht, weil …
Ich finde es lustig, dass …
…

2.2 Aufgaben mit mäßigem Schwierigkeitsgrad

Ein Akrostichon	31
Eine SMS für …	32
Ein besonderer Gegenstand	33
Eine Szene nachspielen	34
Einer Person die Meinung sagen	35
Eine Urkunde für …	36
Einen Fehlertext verfassen	37
Unsere Schnittmenge	38
Zu zweit laut lesen	39
Fotostory	40

Ein Akrostichon

1. Suche ein Wort heraus, das du besonders wichtig für das Kapitel oder Buch findest.

2. Schreibe dieses Wort von oben nach unten (senkrecht) auf:

    L
    I
    E
    B
    E

3. Schreibe nun zu jedem Buchstaben ein Wort.

    Achte darauf, dass alle Wörter zu dem senkrechten Wort passen:

    L EIDENSCHAFT
    I MMER
    E RRÖTEN
    B EISAMMEN SEIN
    E RSTER KUSS

(Dieses Gedicht nennt man „Akrostichon".)

Eine SMS für ... 1

Es gibt in diesem Kapitel eine Person, der du etwas sagen möchtest?

Schreibe eine SMS an diese Person.

Deine SMS darf nur 70 Buchstaben enthalten.

Du darfst dabei auch Abkürzungen und Smileys verwenden.

Ein besonderer Gegenstand 1

In einem Kapitel deines Buches kommt ein wichtiger Gegenstand vor?

Bringe diesen Gegenstand von zu Hause mit und schreibe auf, welche Rolle er in dem Kapitel spielt.

Stelle der Klasse den Gegenstand und deine Gedanken dazu vor.

# Eine Szene nachspielen 2 – ?

Spielt eine Szene aus einem Kapitel mit verteilten Rollen.

Übt die Szene so ein, dass ihr sie der Klasse auswendig und flüssig vorspielen könnt.

Achtet beim Spielen darauf, in eurer Rolle zu bleiben.

Achtet auch darauf, laut genug und zum Publikum gerichtet zu sprechen.

Einer Person die Meinung sagen 1

In dieser Aufgabe geht es um das Verhalten einer Person aus einem Kapitel:

Hat dich etwas am Verhalten dieser Person belustigt oder traurig gemacht?

Oder hat dich etwas überrascht oder ärgerlich gemacht?

Kannst du das Verhalten einer Person sehr gut verstehen oder gar nicht nachvollziehen?

Schreibe auf, was du der Person sagen würdest, und sage dieser Person somit deine Meinung.

Eine Urkunde für ... 1

Gestalte eine Urkunde für eine Person aus dem Buch.

Schreibe darauf, warum/wofür du ihr eine Urkunde ausstellst:

- Was hat die Person Besonderes geleistet?

- War sie sehr mutig, hat viel ausgehalten oder war sehr hilfsbereit?

- Warum ist sie ein Vorbild für dich?

Einen Fehlertext verfassen 1

Schreibe einen Fehlertext zum Raten über das Kapitel für deine Mitschüler.

Schreibe dazu eine Zusammenfassung eines Kapitels und baue drei Fehler ein, die eine Mitschülerin oder ein Mitschüler finden soll.

Unsere Schnittmenge 1

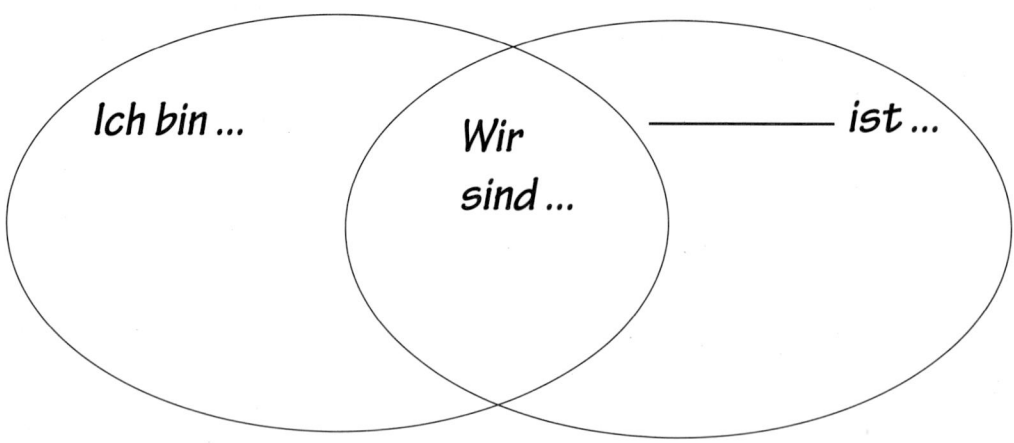

Wähle eine Person aus einem Kapitel aus und fertige auf einem DIN-A3-Blatt ein großes „Schnittmengenbild" wie oben an:

Schreibe in den linken Kreis, welches deine eigenen Eigenschaften sind, z. B. fröhlich, guter Fußballer, musikalisch … *(Ich bin …)*

Schreibe in den rechten Kreis, welches die Eigenschaften der Person sind, die du ausgewählt hast. *(_____ ist …)*

Gibt es Eigenschaften, die du mit der Person aus dem Buch gemeinsam hast? Diese Eigenschaften trägst du in die Schnittmenge der beiden Kreise ein. *(Wir sind …)*

Zu zweit laut lesen   2

Du kannst deine Leseflüssigkeit verbessern, indem du mit einem sicheren Leser zusammen laut liest.

Wenn du dies üben möchtest, kannst du dir dafür einen Partner auswählen.

Folgende Mitschülerinnen und Mitschüler würden gern mit dir zusammen laut lesen:

_____

_____

Fotostory 2 – ?

Gestaltet ein Kapitel des Buches als Fotostory.

Verteilt die Rollen, sucht ein wenig Verkleidung zusammen, stellt die wichtigen Szenen des Kapitels nach und fotografiert sie.

Druckt die Fotos aus und klebt sie auf ein Plakat oder arbeitet am PC mit „Word" und Digitalfotos.

Schreibt dazu einige Sätze (darunter, darüber oder in Sprechblasen).

Achtet darauf, dass die Handlung auch für Leser verständlich wird, die das Kapitel noch nicht kennen.

2.3 Aufgaben mit erhöhtem Schwierigkeitsgrad

Mein Hilfe-Brief für …	42
Standbilder bauen	42
„Das hätte ich anders gemacht!"	43
Einen Zeitungsbericht verfassen	43
Das Telefon klingelt!	44
Abstrakte Kunst	44
Eine wichtige Entscheidung	45
Ein Kapitel verzaubern	45
Selbstgespräche	46
Ey boa, aller …	46
Eine Person in Lebensgröße	47
Frag mir doch kein Loch in den Bauch!	47
Der Fehlerteufel macht Theater	48
Ein Beziehungsgeflecht zeichnen	48
Ich koche ein Buch	49
Musik für den Abspann	49
Die häufigste Dopplung	50
Die s-Laute untersuchen	50
Wortarten-Wettsuchen	51
Schlüsselwörter	52
Zwischen den Zeilen lesen	52

Mein Hilfe-Brief für ...   1

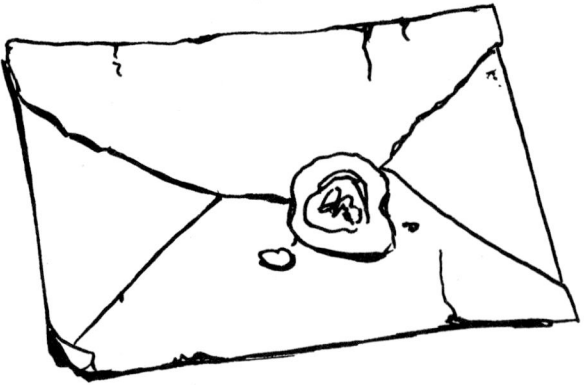

Eine Person aus dem Buch schreibt einen Brief an einen guten Freund/ eine gute Freundin, weil sie Hilfe oder Rat braucht. Schreibe diesen Brief für sie/ihn. Schreibe hinein, was sie/er erlebt hat, und bitte die Freundin/den Freund um Hilfe oder um einen freundschaftlichen Rat! Schreibe in der Ich-Form. Versetze dich also in die Rolle der Person aus dem Buch und versuche, die Dinge mit ihren Augen zu sehen, mit ihrem Herzen zu fühlen und mit ihren Worten auszudrücken.

Standbilder bauen   3 – 5

Schreibt die wichtigsten Gefühle auf, die die Personen in diesem Kapitel erleben. Stellt diese Gefühle in Standbildern dar und führt sie der Klasse vor. Können eure Mitschüler die von euch dargestellten Gefühle erkennen und erraten, welche zu welchen Personen gehören?

"Das hätte ich anders gemacht!" — 1

Ich würde, hätte, wäre ...

Stelle dir vor, du bist eine der Personen in deinem Kapitel. Was würdest du an ihrer Stelle anders oder genauso machen? Wie würdest du dich verhalten, wie würdest du reagieren, wie handeln? Deine Sätze kannst du mit dem Wörtchen „würde" bilden. Möglich ist auch die Verwendung des Konjunktivs II.

Einen Zeitungsbericht verfassen — 1 – 2

Schreibe einen Zeitungsbericht über einen Abschnitt oder eine Situation aus dem Kapitel. Verwende einen sachlichen, objektiven Schreibstil (keine eigene Meinung, keine Gefühlsäußerungen) und beantworte genau die W-Fragen (was, wer, wann, wo, wie, warum). Schreibe im Präteritum (einfache Vergangenheit).

	**Das Telefon klingelt!**	2

Stellt euch vor, euch ruft eine Person aus dem Kapitel an. Sie erzählt euch, was ihr alles passiert ist, und bittet euch um Rat. Schreibt euer Telefongespräch in wörtlicher Rede auf. Vielleicht lest ihr es der Klasse später zusammen mit verteilten Rollen vor?

	**Abstrakte Kunst**	1 – 2

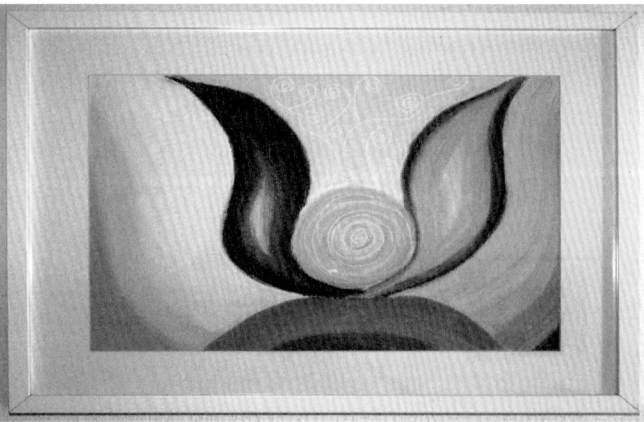

© Alexandra Beer

Hier kannst du einmal versuchen, zu einem Kapitel „abstrakt" zu malen. Das bedeutet, dass du kein Bild malst, das Gegenstände oder Personen darstellt, sondern Gefühle. So kann ein Bild mit dunklen Farben und Zickzack-Formen das Gefühl der Wut, Streit oder Aggression veranschaulichen. Wähle das passende Format (Größe und Lage des Papiers) und die passenden Farben (Buntstifte, Deckfarben, Wachsfarben, Pastellkreide, Kohle, dunkel, hell, schwarz-weiß, bunt, …).

|  | **Eine wichtige Entscheidung** | 1 |

Eine Person steht in einem Kapitel vor einer wichtigen Entscheidung. Welche Möglichkeiten hat die Person? Hat sie vielleicht eine Alternative gar nicht bedacht? Wie könnte ihre Entscheidung ausfallen? Und wie würdest du dich entscheiden? Schreibe deine Gedanken auf.

| | **Ein Kapitel verzaubern** | 1 |

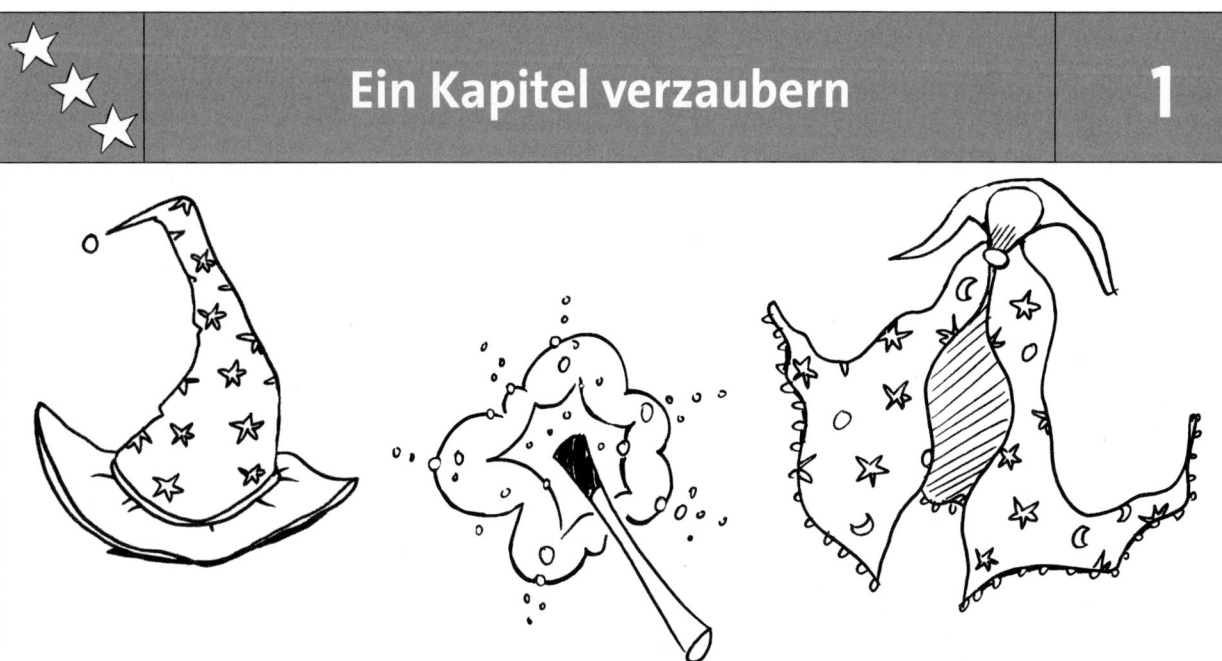

Stelle dir vor, du könntest zaubern. Was würdest du an einem Kapitel ändern, wenn du die Autorin/der Autor wärst? Wie sollte der Text deiner Meinung nach weitergehen? Du kannst ein Kapitel vollkommen neu schreiben oder nur einige Stellen ändern oder einen anderen Anfang oder Schluss verfassen. Du kannst auch Wörter austauschen, weglassen oder neue, deiner Meinung nach passendere Wörter hinzufügen.

	**Selbstgespräche**	1

Stelle dir vor, du bist eine Person aus dem Kapitel. Und stelle dir weiterhin vor, dass diese Person Selbstgespräche führt. Was sagt sie zu sich selbst? Versteht sie sich selbst? Was mag sie an sich selbst und wo ist sie unsicher? Welche Eigenschaften mag sie an sich selbst nicht so sehr? …

(In der Fachsprache nennt man dieses Selbstgespräch „inneren Monolog".)

	**Ey boa, aller …**	1 – 2

Du findest, dass sich die Personen in dem Kapitel nicht gerade jugendlich ausdrücken? Du findest die Sprache unmodern, altertümlich oder merkwürdig? Schreibe einen Dialog aus dem Kapitel in aktueller Jugendsprache auf. Dabei kannst du – wenn du magst – auch gerne ein wenig übertreiben. Vielleicht brauchst du dazu gar kein „Wörterbuch der Jugendsprache"?

Eine Person in Lebensgröße — 2

Sucht euch eine Person aus, die in einem Textabschnitt oder Kapitel besonders wichtig ist. Einer von euch legt sich auf ein großes Blatt Papier und der andere zeichnet die Umrisse des liegenden Körpers. Schreibt nun als Überschrift den Namen der Person auf das Blatt. Nun schreibt ihr die Gedanken der Person in ihren Kopf, die Handlungen in ihre Hände/Beine/Füße, ihre Gefühle in die Brust und den Bauch …

Frag mir doch kein Loch in den Bauch! — 1

Für diese Aufgabe musst du das ganze Buch kennen!

Stelle dir vor, du hast einmal Kinder. Sie lesen mit ihrer Klasse das gleiche Buch wie du heute. Und sie möchten natürlich wissen, wie dir das Buch gefallen hat.

Was wirst du ihnen von diesem Buch erzählen? Denke daran, dass inzwischen viele Jahre vergangen sind. Du kannst dich also nur noch an die wirklich eindrucksvollen Dinge aus diesem Buch erinnern. Beginne deine Sätze mit „Ich habe nie vergessen, wie …" oder „An dem Buch fand ich damals toll/blöd, …"

Der Fehlerteufel macht Theater — 2 – ?

Sucht euch eine Szene aus dem Buch heraus und übt sie als kleines Theaterstück ein. Es kommt hier nicht auf Requisiten oder Kostüme an, sondern auf diese Besonderheit: Baut in eurer Stück vier Fehler ein, die die Zuschauer später aufklären sollen. Achtet beim Spielen darauf, laut und zum Publikum gerichtet zu sprechen.

Ein Beziehungsgeflecht zeichnen — 1 – 2

Für diese Aufgabe musst du das ganze Buch kennen!

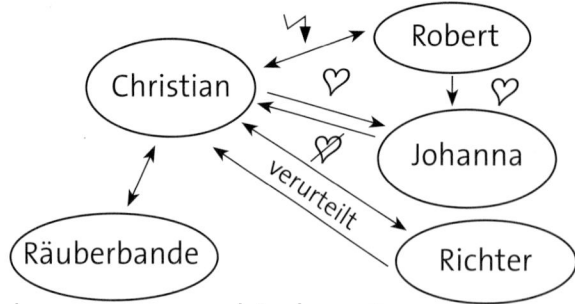

In deinem Buch kommen verschiedene Personen vor, die in unterschiedlichen Beziehungen zueinander stehen. Gestalte ein Beziehungsgeflecht wie oben abgebildet. Dem Betrachter soll deutlich werden, welche Verbindungen zwischen den Personen bestehen und welche Qualität diese Verbindungen (von Liebe über Gleichgültigkeit bis hin zu Hass) haben.

Die Beziehung der Personen könnt ihr …
… durch Symbole kennzeichnen (Herz für Liebe, Blitz für Konflikte etc.)
… durch die räumliche Nähe auf dem Blatt darstellen.
… mithilfe von Farben gruppieren.

Ich koche ein Buch — 1

Für diese Aufgabe musst du das ganze Buch kennen!

Überlege dir, aus welchen „Zutaten" dein Buch besteht: Spannung, Ideenreichtum, Hauptfigur, Nebenfiguren, besondere Orte, Sprachwitz etc. Schreibe nun ein Rezept für dein Buch, das neben den verschiedenen Zutaten auch eine Mengenangabe (literweise, eine Prise, einen gehäuften Teelöffel ...) beinhaltet. Mit dieser Mengenangabe drückst du aus, welche der Zutaten besonders wichtig und ausschlaggebend für das Buch sind und welche eher eine kleine Beigabe darstellen. Auf diese Weise analysierst du die „Machart" des Buches.

Musik für den Abspann — 1 – 2

Für diese Aufgabe musst du das ganze Buch kennen!

Stelle dir vor, das Buch würde verfilmt. Welche Musik (beachte Stimmung, Melodie, Text) passt deiner Meinung nach zu dem Ende dieses Buches? Suche eine passende Musik aus.

Vielleicht hast du Lust, eine kleine Vorführung vorzubereiten? Bitte deine Mitschüler, ihre Augen zu schließen. Lies das letzte Kapitel in der Klasse vor und spiele dann die Musik vor, die du ausgesucht hast. Erkläre der Klasse auch, warum du gerade diese Musik gewählt hast. Vielleicht magst du auch noch erzählen, wer die Musik komponiert hat und wer die Musiker sind?

Die häufigste Dopplung — 4

Jeder von euch schreibt aus mindestens 20 Seiten des Buches alle Wörter heraus, in denen Doppelkonsonanten (pp, ss, ...) vorkommen. Erstellt eine große Tabelle auf einem A3-Blatt und tragt die Wörter in die richtige Spalte ein:

bb	cc	dd	ff	gg	hh	...
Ebbe			Affe			
...			...			

Nachdem ihr fertig recherchiert habt, zählt ihr die Wörter in den einzelnen Spalten und stellt fest, welche Doppelkonsonanten sehr häufig, welche eher weniger häufig sind und welche Konsonanten nur ganz selten oder nie gedoppelt vorkommen.

Leitet eine Rechtschreibregel aus eurem Experiment ab.

Die s-Laute untersuchen — 4

Jeder von euch untersucht zehn Seiten in seinem Buch auf die Richtigschreibung der s-Laute. Jeder konzentriert sich dabei auf eine der folgenden vier Regeln:

1. Wenn ich ein **summendes** s spreche, schreibe ich stets **s**.
2. Wenn ich einen **langen** Vokal vor einem **scharfen** s spreche, schreibe ich **ß**.
3. Wenn ich einen **kurzen** Vokal vor einem **scharfen** s spreche, schreibe ich **ss**.
4. Wenn ich einen **Zwielaut** (au, ei, eu, äu) vor einem **scharfen** s spreche, schreibe ich **ß**.

Gestaltet ein Plakat für den Klassenraum, auf das ihr die Regeln und dahinter eure Beispiele aus dem Buch schreibt.

Wortarten-Wettsuchen 3 – 4

Überlegt euch, welche Wortarten ihr mit in das Spiel aufnehmen möchtet. Folgende Wortarten stehen euch zur Verfügung: Nomen, Artikel, Verben, Adjektive, Pronomen, Präpositionen und Konjunktionen. Legt eine Tabelle an, in denen diese Wortarten oben stehen:

Nomen (1)	Artikel (1)	Verben (3)	Konjunktionen (4)	...
Mädchen	ein	lief	...	...
...	...	...		

Da diese Wortarten unterschiedlich häufig vorkommen und auch verschieden schwierig zu bestimmen sind, gibt es für sie auch verschieden viele Punkte:

Nomen und Artikel = 1 Punkt
Verben, Adjektive und Pronomen = 3 Punkte
Präpositionen und Konjunktionen = 4 Punkte

Startet nun mit einer Stoppuhr das Wettsuchen in einem festgelegten Abschnitt des Buches: Wer die meisten Punkte innerhalb von 5 Minuten erreicht hat, ist der Sieger.

Um herauszufinden, ob alle herausgeschriebenen Wortarten richtig sind, gebt eure ausgefüllten Tabellen der Lehrerin/dem Lehrer. Sie/Er wird dann die falschen Wörter herausstreichen, sodass ihr den Gewinner sicher ermitteln könnt.

Schlüsselwörter — 2

Schlüsselwörter sind Wörter, die einen Text aufschließen, also solche Wörter, die besonders zentral und aussagekräftig für den Text sind. Um einen Text schnell zu verstehen, ist es sinnvoll, solche Schlüsselwörter im Text zu unterstreichen. Auf diese Weise kann man sich auch nach längerer Zeit schnell daran erinnern, welche wichtigen Dinge in einem Kapitel stehen.

Nehmt euch gemeinsam ein Kapitel vor und unterstreicht die Schlüsselwörter in diesem Kapitel. Wichtig ist dabei, dass es wirklich immer nur jeweils **ein** einzelnes Wort ist, das ihr unterstreicht.

Wenn ihr fertig seid, könnt ihr eure Schlüsselwörter in der Klasse vorlesen. Erraten eure Mitschüler, aus welchem Kapitel die Schlüsselwörter stammen?

Zwischen den Zeilen lesen — 1 – 2

Kopiere einen Textabschnitt aus deinem Buch und zerschneide ihn Zeile für Zeile. Klebe die Zeilen nun auf ein liniertes Blatt. Lasse dabei immer 3 Zeilen zwischen den Klebestreifen frei. Nun interpretiere/deute/erkläre die aufgeklebten Zeilen. Schreibe deine Gedanken auf die freien Linien zwischen den aufgeklebten Zeilen.

2.4 Aufgaben mit hohem Schwierigkeitsgrad

Die Herkunft der Wörter	54
Synonyme satt	54
Stimmungsschwankungen	55
Der rote Faden	56
Das Fass läuft über	57
Ein Spiel zum Buch	58
Ein anderer Blickwinkel	58
In das Buch einsteigen	59
Talk Talk Talk	59
Die Personenkonstellation darstellen	60
Das Casting	61
Kurze Sätze	61
Direkte Rede & Indirekte Rede	62
Metaphern sammeln	62
Gedankenlandkarte (Mindmap)	63
Eine Parodie schreiben	63
Der Text in seiner Zeit	64
Autobiografisch?	64

Die Herkunft der Wörter
1 – 2

In dieser Aufgabe dreht sich alles um das sogenannte etymologische Lexikon. Hierin wird der Herkunft der Wörter auf den Grund gegangen und erläutert, wie sich die Bedeutung und Verwendung eines Wortes im Laufe der Zeit verändert hat. Suche dir einige Wörter aus dem Buch heraus, deren ursprüngliche Herkunft und unter Umständen veränderte Bedeutung du gern wissen möchtest. Lies dir die Erklärungen durch und bereite einen kurzen Vortrag über deine Erkenntnisse für deine Mitschüler vor.

Synonyme satt
1 – 2

Buch – Werk – Wälzer – dicker Schinken – Lektüre

In dieser Aufgabe geht es darum, möglichst viele Wörter innerhalb eines Textabschnitts durch Synonyme zu ersetzen. Synonyme sind Wörter mit gleicher oder zumindest ähnlicher Bedeutung. Man spricht hier von Bedeutungs-, Sinn- oder Verwendungsverwandtschaft. Ein Synonymlexikon oder die Funktion „Thesaurus" im Textverarbeitungsprogramm „Word" bietet dir Synonyme an. Am besten ist es jedoch, wenn du selbst Synonyme findest. Schreibe hinterher einen Reflexionstext über deine Erfahrungen: Für welche Wörter ließen sich leicht Synonyme finden, bei welchen war es schwieriger? Was hat die Verwendung von Synonymen mit der Textaussage und -wirkung gemacht?

Stimmungsschwankungen 1–2

Für diese Aufgabe musst du das ganze Buch kennen!

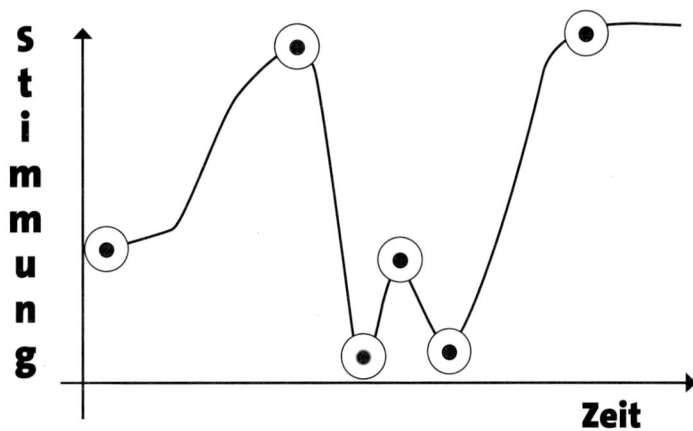

Eine Stimmungskurve zeigt die Stimmung einer Person über einen bestimmten Zeitraum. Dazu wird ein Koordinatensystem benötigt, das in der x-Achse den Zeitraum und in der y-Achse den Grad der Stimmung anzeigt. Der Anfang der Geschichte befindet sich auf der x-Achse ganz links und das Ende der Geschichte ganz rechts. Auf der y-Achse ist oben die bessere Stimmung (z. B. Freude, Hochgefühle, Spaß, …) und unten die schlechtere Stimmung (Trauer, Ärger, …).

Erstelle nun eine Stimmungskurve zu einer der Hauptpersonen aus deinem Buch.

Einige besondere Ereignisse im Verlauf der Geschichte solltest du mit farbigen Punkten auf der Stimmungskurve kennzeichnen. In einer Legende kannst du dann die farbigen Punkte erläutern (z. B. „Tod eines Haustiers" als Erklärung für ein Stimmungstief oder „eine Party bei der besten Freundin" als Erklärung für ein Stimmungshoch).

Der rote Faden

Für diese Aufgabe musst du das ganze Buch kennen!

Der sogenannte „rote Faden" ist eine Redewendung, die man benutzt, wenn man die durchgehende Struktur und das letztliche Ziel und den Sinn einer Sache oder einer Geschichte verdeutlichen möchte. Wenn dieser „rote Faden" nicht vorhanden ist, kann das im Chaos enden. Man sagt dann auch: „Du hast den Faden verloren", also dich „verzettelt" und weißt nicht mehr, was du eigentlich wolltest.

Besorgt euch einen roten Wollfaden. Schreibt auf kleine Zettel alle wichtigen Ereignisse des Buches und befestigt sie an dem Faden. Ihr könnt den Faden auch auf ein Plakat kleben und die Ereignisse danebenschreiben.

Übt euch in Kreativität: Der „rote Faden" könnte verschiedene „Kurven" oder „Ecken" bilden, Seitenarme ausbilden (vielleicht bekommt der Faden hier eine andere Farbe?) oder gar an einer Stelle abreißen.

Somit habt ihr den „roten Faden" der Geschichte anschaulich dargestellt.

Das Fass läuft über — 2

Für diese Aufgabe musst du das ganze Buch kennen!

„Das Fass zum Überlaufen bringen" ist eine Redewendung, die man gebraucht, um auszudrücken, dass durch bestimmte Ereignisse eine Situation eskaliert.

In dieser Aufgabe geht es um einen immer stärker werdenden Konflikt oder Streit innerhalb des Buches. Sucht euch eine solche Situation heraus und besprecht miteinander, welche Gründe (z. B. Neid, Eifersucht, Streitlust, Angst) dazu führen, dass die Situation eskaliert und das Fass im wahrsten Sinne des Wortes überläuft:

Sucht euch ein größeres Glas und mehrere kleine Gläser. Füllt die kleinen Gläser jeweils mit ein bisschen Wasser und beschriftet sie mit den verschiedenen Gründen des Streits.

Nun kommt der Showdown: Erzählt der Klasse, wie es Schritt für Schritt dazu kommt, dass sich der Konflikt immer mehr verstärkt. Während ihr die verschiedenen Gründe für die Verschärfung des Konflikts nennt, füllt ihr das Wasser aus den kleinen Gläsern in das große Glas – bis es schlussendlich überläuft. Auf diese Weise veranschaulicht ihr die Eskalation des Konflikts. Übt diesen Showdown so lange ein, bis ihr ihn reibungslos der Klasse vorführen könnt.

| ⭐⭐⭐⭐ | **Ein Spiel zum Buch** | 2 |

Für diese Aufgabe musst du das ganze Buch kennen!

Entwickelt gemeinsam ein Gesellschaftsspiel zu eurem Buch. Schreibt auch eine Spielanleitung, in der das Ziel des Spiels, die Anzahl der Mitspieler, die benötigten Materialien, die Ermittlung des Siegers und der Verlauf des Spiels sowie sein Ende beschrieben werden. Um festzustellen, ob euer Spiel wirklich funktioniert und die Spielanleitung vollständig und verständlich ist, solltet ihr euer Spiel einigen Mitschülern zum Ausprobieren geben.

| ⭐⭐⭐⭐ | **Ein anderer Blickwinkel** | 1 |

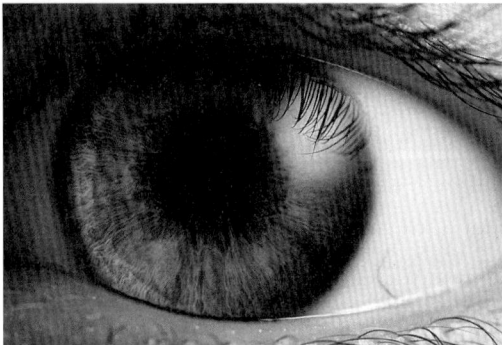

© Petr Novák, wikipedia.de

Versetze dich in eine Person aus dem Buch und erzähle den Inhalt des Kapitels aus der Sicht dieser Person neu. Damit veränderst du die Erzählperspektive und es tritt ein ganz anderer Blick auf das Geschehen zu Tage. Diese Person nimmt das Geschehen nämlich ganz anders wahr. Wahrscheinlich erlebt sie auch ganz andere Dinge und findet andere Ereignisse wichtig und bedeutsam. Vielleicht schließt du zunächst einmal deine Augen und fühlst dich in die Person hinein?

In das Buch einsteigen 1

Durch diese Tür kannst du in das Buch einsteigen. Schreibe einen Textabschnitt oder ein ganzes Kapitel so um, dass du selbst darin vorkommst. Was würdest du tun? Wie würdest du denken und fühlen? Mit wem würdest du sprechen? …

Talk Talk Talk 1 – 2

Bereitet eine Talkshow vor, in der Gäste miteinander über ein bestimmtes Thema streiten. Das Thema der Talkshow soll mit dem Buch zu tun haben. Damit eine richtig hitzige Diskussion in Gang kommt, solltet ihr die verschiedenen Meinungen zu dem Thema vorher zusammen entwickeln, die verschiedenen Argumente herausarbeiten und dann jedem Gast eine bestimmte Meinung zuordnen, sodass jeder eine bestimmte Rolle in der Talkshow übernimmt.
Führt die Talkshow nun vor eurer Klasse auf. Achtet dabei darauf, dass jeder in seiner Rolle bleibt. Beachtet auch, dass ihr laut und zum Publikum gerichtet sprecht.

 ## Die Personenkonstellation darstellen | 2 – ?

Für diese Aufgabe musst du das ganze Buch kennen!

In eurem Buch kommen verschiedene Personen vor, die in unterschiedlichen Beziehungen zueinander stehen. Diese Beziehungen der Personen sollt ihr als Gruppe darstellen. Jeder von euch schlüpft dabei in die Rolle einer Person.

Positioniert euch nun im Raum so zueinander, dass die Beziehungen deutlich werden.

Die Beziehungen könnt ihr ...
... durch den räumlichen Abstand bzw. die Nähe darstellen.
... durch Körperhaltungen (weglehnen, umarmen, ...) verdeutlichen.
... durch Mimik und „eingefrorene" Gestik visualisieren (Gesicht verziehen, Kussmund zuwerfen, ...).

Es soll dem Betrachter deutlich werden, welche Verbindungen zwischen den Personen bestehen und welche Qualität diese Verbindungen (von Liebe über Gleichgültigkeit bis hin zu Hass) haben.

Präsentiert eure Personenkonstellation in der Klasse.

|  | **Das Casting** | 2 – ? |

Für diese Aufgabe musst du das ganze Buch kennen!

Stelle dir vor, dein Buch wird verfilmt und du bist der Regisseur. Du möchtest, dass der Film ein großer Kinoerfolg wird, und bist natürlich nur an den besten Schauspielern interessiert. Damit zum Casting die richtigen Schauspieler kommen und ihr Können zeigen, bereitest du Rollenkarten vor und suchst eine Szene aus, die sie dir vorspielen sollen.
Überlege dir zunächst, für welche Person du einen Schauspieler suchst. Was schreibst du auf die Rollenkarte, damit sich der Schauspieler besonders gut in die Person aus dem Buch hineinversetzen kann (Charakter, Aussehen, typische Verhaltensweisen, ...)?
Welche Szene ist für die Rolle, die du besetzen möchtest, besonders zentral? Wo können die Schauspieler zeigen, ob sie etwas draufhaben?
Wenn du Lust hast, kannst du in deiner Klasse ein solches Casting durchführen.

|  | **Kurze Sätze** | 1 – 2 |

Suche eine Textstelle im Buch, in der besonders viele kurze Sätze hintereinander vorkommen. Lies diese Textstelle laut vor. Die Autorin/ Der Autor hat sich hier einer bestimmten Technik bedient. Kannst du dir vorstellen, warum sie/er an dieser Stelle kurze Sätze verwendet? Wie wirkt die Stimmung der Textstelle auf dich? Versuche einmal, die Sätze zu verlängern oder mehrere kurze Sätze zu einem Satz zusammenzufügen.
Bleibt die Wirkung des Textes gleich oder verändert sie sich? Lies die Textstelle wenn möglich laut. Dann entfalten die kurzen Sätze noch stärker ihre Wirkung.

|  | **Direkte Rede & Indirekte Rede** | 1 – 2 |

„
‟ …

Nimm dir einen Textabschnitt vor, in dem viel wörtliche Rede vorkommt. Schreibe diesen Textabschnitt in indirekte Rede um. Dazu musst du den Konjunktiv benutzen. Lies nun beide Textabschnitte nacheinander laut vor. Welche Unterschiede in der Wirkung stellst du fest? Wenn du Lust hast, wiederhole dein Experiment in der Klasse und frage deine Mitschülerinnen und Mitschüler, ob sie den Unterschied in der Wirkung ebenfalls feststellen können.

|  | **Metaphern sammeln** | 1 – 2 |

Eine Metapher ist ein literarisches Stilmittel, bei dem ein Wort nicht in seiner wörtlichen, sondern in einer übertragenen Bedeutung gebraucht wird: Wüstenschiff (Kamel), Rabeneltern (Eltern, die sich nicht richtig um ihren Nachwuchs kümmern), auf einer Erfolgswelle reiten (über einen längeren Zeitraum Erfolg haben).

Schreibe nun einige Sätze aus deinem Buch, die Metaphern enthalten, so um, dass die Metaphern durch ihre konkrete Bedeutung ersetzt werden. Vergleiche nun die Sätze *mit* Metaphern mit den Sätzen *ohne* Metaphern. Welche Unterschiede in der Wirkung stellst du fest? Warum arbeitet die Autorin/der Autor mit Metaphern? Wenn du Lust hast, wiederhole dein Experiment in der Klasse und frage deine Mitschülerinnen und Mitschüler, ob sie den Unterschied in der Wirkung ebenfalls feststellen können.

Gedankenlandkarte (Mindmap) 2 – 3

Für diese Aufgabe musst du das ganze Buch kennen!

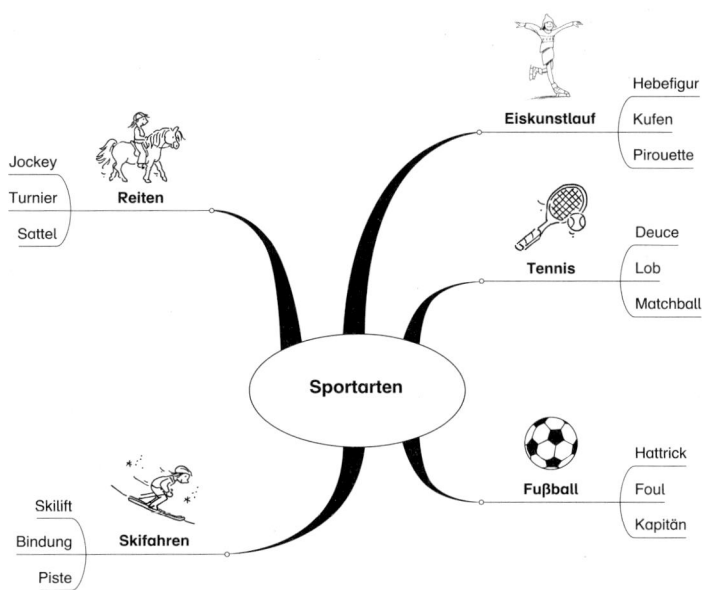

In dieser Aufgabe geht es darum, das gesamte Buch in Form einer Gedankenlandkarte – einer sogenannten Mindmap – darzustellen.

Der Titel des Buches steht dabei im Zentrum, also in der Mitte des Blattes. Von diesem Zentrum aus gehen mehrere Hauptarme ab, die die verschiedenen Hauptbereiche des Buches benennen (z. B. Inhalt, Personen, Schauplätze, Sprache, Besonderheiten, der Aufbau/die Struktur des Buches etc.). Von diesen Hauptarmen gehen dann wiederum Seitenarme ab, die die Hauptbereiche in Unterbereiche unterteilen (z. B. im Hauptbereich „Personen" die Unterbereiche „Protagonist", „Antagonist" und „Nebenfiguren"). Darunter befinden sich dann wiederum die Namen der einzelnen Figuren.

Eine Person, die das Buch nicht kennt, kann sich mithilfe eurer Mindmap einen Überblick über das Buch verschaffen.

Eine Parodie schreiben 1

Für diese Aufgabe musst du das ganze Buch kennen!

Eine Parodie ist eine verzerrende, übertreibende oder gar verspottende Nachahmung. Versuche dich daran, eine Parodie zu einem Textabschnitt oder zu dem gesamten Buch zu verfassen.

Der Text in seiner Zeit 1 – 2

Für diese Aufgabe musst du das ganze Buch kennen!

Dein Buch wurde zu einem bestimmten Zeitpunkt bzw. über einen bestimmten Zeitraum von der Verfasserin/dem Verfasser geschrieben. Manchmal lässt sich ein Zusammenhang zwischen dem zeitgeschichtlichen Geschehen und dem Thema des Buches finden. Zum Beispiel wurden nach der Atomkatastrophe in Tschernobyl viele Jugendbücher zum Thema „Atomkatastrophen" geschrieben. (z. B. Gudrun Pausewang: „Die Wolke"). Gehe auf die Suche und recherchiere ausführlich über die Zeit, in der dein Buch geschrieben wurde. Findest du Zusammenhänge zwischen deinem Buch und der Zeit?

Autobiografisch? 1 – 2

Für diese Aufgabe musst du das ganze Buch kennen!

Wenn eine Autorin/ein Autor etwas aus ihrem/seinem eigenen Leben erzählt, nennt man dies „autobiografisches Schreiben". Findest du einen Zusammenhang zwischen dem Leben der Autorin/des Autors und dem Thema oder einigen Aspekten des Buches? Recherchiere im Internet, besorge dir eine Biografie über die Autorin/den Autor oder – wenn die Autorin/der Autor noch lebt – nimm Kontakt zu ihr/ihm auf. Wer weiß, welch spannende Dinge du erfährst …

Arbeitsplan zur Klassenlektüre-Kartei

Name: _____

Autor/Autorin und Titel des Buches:

_____

W/P*	Titel der Karte	Datum	Lehrer	Bemerkungen/Vereinbarungen

* W = Wahl, P = Pflicht

Reflexionsbogen für ☆/☆☆-Aufgaben

Wenn du eine Aufgabe aus der Kartei bearbeitet hast, machst du dir im Anschluss daran immer **Gedanken über deine Arbeit** (= Reflexion). Dieser Bogen wird dir dabei helfen.
Fülle ihn aus, wenn du eine Aufgabe vollständig erledigt hast.

1. Ich habe …
   - ☐ **alleine** gearbeitet.
   - ☐ mit _____ **zusammen** gearbeitet.

2. Meine/unsere **Arbeit** hat …
   - ☐ sehr gut geklappt.
   - ☐ mittelmäßig geklappt.
   - ☐ nicht so gut geklappt.

Und das möchte ich nächstes Mal **anders/besser** machen:

_____

_____

_____

3. Dies habe ich durch die Aufgabe über das Buch/Kapitel **gelernt**:

_____

_____

_____

4. Meine **Aufgabe** war eine …
- ☐ ☆-Aufgabe.
- ☐ ☆☆-Aufgabe.

5. Meine **Aufgabe** war für mich …
- ☐ zu schwierig.
- ☐ genau richtig.
- ☐ zu leicht.

6. Deshalb werde ich **als Nächstes** eine
- ☐ eine ☆-Aufgabe bearbeiten.
- ☐ eine ☆☆-Aufgabe bearbeiten.
- ☐ eine ☆☆☆-Aufgabe bearbeiten.
- ☐ eine ☆☆☆☆-Aufgabe bearbeiten.

Reflexionsbogen für ☆☆☆/☆☆☆☆-Aufgaben

- Fülle diesen Bogen aus, bevor du mit der Arbeit beginnst (VOR DER ARBEIT).
- Bearbeite dann deine Aufgabe.
- Anschließend nimmst du diesen Bogen wieder zur Hand (NACH DER ARBEIT).

VOR DER ARBEIT

1. Welche Aufgabe hast du dir ausgesucht?
2. Warum hast du dir diese Aufgabe ausgesucht? Welches Ziel verfolgst du mit ihr? Was möchtest du erfahren/lernen? Was versprichst du dir von dieser Aufgabe?
3. Möchtest du mit jemandem zusammenarbeiten? Mit wem und warum (nicht)?

NACH DER ARBEIT

4. War es richtig und sinnvoll, alleine/mit jemandem zusammen zu arbeiten? Warum?
5. Haben sich deine Erwartungen an die Aufgabe erfüllt? Hast du dein Ziel erreicht?
6. Was hast du während der Bearbeitung erfahren über das Buch, die Figuren, ein Kapitel oder einen Textabschnitt, den Autor, …?
7. Was war an der Aufgabe schwierig für dich? Was fiel dir leicht? Warum?